참 읽기 쉬운 시

라면이 꼬불꼬불한 이유

참 읽기 쉬운 시
라면이 꼬불꼬불한 이유

초판 1쇄 인쇄 2019년 6월 10일
초판 1쇄 발행 2019년 6월 12일

신고번호 제313-2010-376호
등록번호 105-91-58839

발행처 보민출판사
발행인 김국환
편집 정은희
지은이 김상희
그림 김보현
디자인 김민정

주소 인천시 서구 불로동 769-4번지 306호
전화 070-8615-7449
사이트 www.bominbook.com

ISBN 978-89-97159-94-9 03800
CIP 2019017721

참 읽기 쉬운 시

라면이 꼬불꼬불한 이유

김상희 글 / **김보현** 그림

양은냄비에 끓인 간간한 라면
어찌 그 맛을 잊을 수 있을까

서문

언젠가부터 글들이 맘속으로 들어왔다
불현듯 생각나는 어린 시절 기억이며
소중한 이들에 대한 감정을 오래도록 잡아두고 싶었다

눈부신 새 봄을 맞이하면서
발이 푹푹 빠지도록 내리는 폭설을 보면서
맘속에 들어오는 글들을 계속 쓰고 싶다

- 2019년 6월, 김상희

CONTENTS

제1부 소중한 사람들

제2부 소중한 기억들

제3부 삶의 여정 속 斷想들

제4부 계절이 바뀔 때마다

내가 제일 좋아하는 사람은

보고 있으면 눈이 밝아지는

그런 사람

우리 막내 보현이

제1부

소중한 사람들

그런 사람

날 너무나도 잘 알아 내가
누구라고 말할 필요 없는 사람

한마디 거짓을 말하기에 내가
너무 부끄러워 할 수 없는 사람

지금 잠깐 볼 수 있다면 내가
산 긴 날들과 바꿀 수 있는 사람

술에 취하고 술에서 깨면 내가
술김에 전화할 걸 후회되는 사람

아무리 아무리 생각해도 내가
왜 만났을까 너무 아까운 사람

당신은 그런 사람, 나의 ○○○

캔버라를 베고 잔다

지난 캔버라 여름
이전처럼 햇도토리 주웠죠
한국 같으면 너나없이 주워
도토리묵 쑤어 먹을 텐데
아깝다 누구 하나 주울
생각이 없다 하면서

실하고 잘 마른 것으로만
모아 베개를 만들었죠

3년 만에 한국 가을을
도토리 베개 베고 잡니다
도토리 숫자만큼 수많은
캔버라 사연이 잠결에
명멸하는데 당신 모습이
보이네요 잘 사세요

너 알지

너 알지
내가 널 얼마나 사랑하는지

그럴 거야
왜냐면 널 정말 사랑하거든

보여주는 것

사랑은 주거나
받는 거라 말하지만

정작 사랑은
보여주는 것이다

사랑은 봐달라고
소리치는 몸짓이다

어머니 손길

어제 먹은 게 걸렸는지
꽉 막힌 듯 답답하고
트림마저 시원치 않다

마누라 더러 손끝을 따게
하여 먹피를 짜내고
사이다를 매실엑기스를
마셔 봐도 여전히
가슴 한가운데가 오랜
피멍처럼 풀리지 않는다

어머니가 생각난다
허리를 곧추세우게 하고
명치께를 어루만져 주시며
"쑥쑥 내려가라"
다른 한 손으로 등을
토닥토닥 두들겨주시던

약 먹고 시간 지나면
체는 내리겠지만

思母曲, 榮山에서 月出까지

슬픈 4월 어머님이 가시는 榮山江 가녘 따라
유채꽃이 환하게 피었습니다 노란 카핏 같은
그 꽃밭 길을 어머님이 仙女되어 걸어갑니다

어머님이 오래 잠들어 쉬실 先塋 가는 길에는
배꽃이 한창입니다 素服 같은 환호를 받으며
하얀 뱃길을 어머님이 아이 되어 걸어갑니다

낮은 丘陵과 논밭과 좁은 農路와 드문 人家를
두루두루 둘러보시고, 저 멀리 月出山 보이는
다사로운 故鄕 들녘에서 편히 쉬자고 합니다

어머니 어머니 우리 어머니, 얼마나 힘드셨소
새처럼 바람 갈라, 구름처럼 소리 없이 언제든
오셔서 막둥이 곁에서 오래오래 쉬다 가소서

아버지

아버님을 편히 모셨습니다
어머님을 2년 전 먼저 보내시고
오래 견디기 힘드셨나 봅니다

어머님 봉분을 조금 키우고
바로 옆에 나란히 모셨습니다
생전에 다투기도 하셨지만

두 분의 보금자리는 황적색 빛이
곱고, 멀리서도 뚜렷한 월출산은
두 분께 익숙해 마음이 놓입니다

꿈속에서도 저를 찾지 않으시던
어머님은 적적함을 더시게 되어
저를 찾지 않으실까 걱정입니다

언니, 고마워

고마워, 언니
한 순간도 포기하지 않고
끝까지 지켜주어 고마워

걱정 마, 언니
나 이제 편하고 가벼워
그러니 언니도 이제
무거운 짐 내려놔

언니 이제 운동 시작해
언니 이마에 땀 맺히면
산들바람으로 올게

여행도 자주 다녀
언니가 설국에 가거든
함박눈으로 따라갈게

텃밭에 고구마도 심어
나랑 약속했잖아
고구마 새순 돋거든
난 줄 알아차려야 돼

언니가 날 지켜준 것처럼
이제 내가 언니를 지킬게
언니랑 언제나 함께할게
사랑해, 언니

* 서른을 갓 넘긴 조카 유진이가 하늘나라로 갔다

불효자

오늘 미사 보면서 평화를 빕니다
뒷자리 할머니들과 인사를 나눴습니다
2초쯤 눈을 맞추고 미소를 건네고

작은 몸집 훅 불면 날아갈 듯 그런 모습
우리네 할머니들 이제 먼 길 행차하실 때
구름처럼 자유롭게 가시겠죠

제 어머니도 이 세상에 하나 남김없이
다 태우시고 작은 바람에 훅 꺼지듯
그렇게 가셨습니다
지난 4월에
불효자가 추석 성묘 길에 나섭니다

별, 은서

은서가 떠난 날 밤하늘엔
별 하나가 새롭게 떴습니다
은서 엄마 아빠 가슴에도
별이 아프게 떴습니다

은서는 착한 은서는 그렇게
까만 하늘에 빛나는 별로,
엄마 아빠 가슴에 여전히
예쁜 별로 떠있습니다

아빠 곤히 자도록 아빠 눈꺼풀에
무겁게 앉아 놀다갈 것입니다
엄마 양 입가를 짓궂게 위로 올려
엄마가 미소 짓게 할 것입니다

나 늙어

쭈구려 앉아 텃밭에 김도 매고
수확한 고추도 말릴 수 있으면 좋겠다

잡념이며 상념에서 벗어나
쉬 잠들고 맑게 깨면 좋겠다

같이 늙은 아내가 김치전이라도
부쳐주면 막걸리 한 통 거뜬히 비울 수
있으면 좋겠다

잊어먹을 만하면 만날 수 있는 친구가
있어 외롭지 않으면 좋겠다

나 늙어 걷고 싶을 때
걸을 수 있으면 좋겠다

꽃을 닮은 사람

당신을 꽃이라고
생각했습니다
아니 꽃보다 예뻤어요

늘 신기했어요 어떻게
바람 물 햇빛만으로
예쁜 꽃이 피는지

당신을 보고 깨달았죠
사랑 헌신 믿음으로
못 이룰 게 없다는 걸

별과 아들

별을 보는 내 두 눈과
별까지의 거리가 만드는
예각의 크기

그 예각들이 모여 360°를
만들려면 몇 개가 필요할까
그만큼 사랑한다, 우리 아들

내가 제일 좋아하는

내가 제일 좋아하는 음식은
약간 불은 라면

내가 제일 좋아하는 풍경은
소리 없이 내리는 눈, 아!
그러고 보니 비와 눈의
차이는 소리구나

내가 제일 좋아하는 사람은
보고 있으면 눈이 밝아지는
그런 사람
우리 막내 보현이

콩콩이

일 년 된 우리 집 강아지 콩콩이는
이빨을 자주 안 닦는데도
입 냄새가 안 난다

하루만 이를 안 닦아도
입 냄새가 진동하는
사람보다 낫다

자화상

그리고 싶지만 그릴 수
없는 내 얼굴

노래하고 싶지만 부를 수
없는 내 마음

춤추고 싶지만 제자리만
맴도는 내 발길

양양회

마닐라에서 시작한
십년의 인연
싱가포르에서 뉴욕에서
캔버라에서
세월의 무게를 견뎌내고
일가를 이뤄내고

하나의 음절을 반복하는
유일한 고장 양양에서
새로운 십년의 인연을
하나 되어 시작하면서
양양회라 명명하오니
전도와 우의가 양양하길

하룡회

천하절경 下龍을
함께 보고 왔으니
하룡회로 인연을
이어 갑니다

얼추 한 세대 차이지만
통할 만큼 친해졌으니
다시 만날 때마다
건배사는 하룡입니다

다친 이, 아픈 이 없어
다행인데 사는 동안 내내
다치거나 아프지 맙시다
하룡회, 화이팅!

저 님 보소

들으면
심금을 울리는

보면
눈이 밝아지는

저 님 보소
다니엘 신부님

달

달을 보면 왜 당신이 생각날까
아마 함께 달을 보며
기약했겠죠 영원히라고,
까마득해
기억조차 희미하지만

달을 보면 왜 당신이 그리울까
당신도 지금 저 달을 보고
나를 생각하리라,
그러리라
믿고 싶은 거겠죠

당신처럼 달이 사라진 아침
내 마음 저 깊은 곳엔
밝고 큰 달이
두둥 뜨네요
다시 지지 않을 것처럼

친구

친구란
남에게 못할 맘속에 있는 말을
할 수 있는 사람

친구란
남에게 하면 속없다
핀잔들을 말도 스스럼없이
할 수 있는 사람

친구, 고맙네
맘속 깊은 말을 해줘서
쓰잘데기 없는 내 말을
허허롭게 다 들어줘서

달 밝은 밤

친구
자시 넘겨 축시인데
창밖이 달빛에 밝네

친구
귓전에 앵앵거리는
모깃소리 귀찮구만

친구
달빛이 햇빛만 하겠는가만
그래도 밤길 걷는데
부족함이 없으이

친구
해 보듯 달 보듯 자주 보세
달 밝은 밤
잠 못 이루는 밤

친구가 보내준 감

순천에 사는 친구가 보내준 감
감상자에 친구의 마음까지 듬뿍

아내와 감 하나를 깎아 먹으며
고마운 마음이 새록새록

· *MEMO* ·

한해를 더 산다는 건

작년에 되살리지 못한

그런 기억을 되살릴 수도 있다는 것

제2부

소중한 기억들

라면이 꼬불꼬불한 이유

연탄 냄새를 숨 막아 참아가면서
양은냄비에 끓인 간간한 라면
어찌 그 맛을 잊을 수 있을까

라면이 익기를 손꼽아 기다리는
소년의 마음이 연탄불에 떨어져
곱슬머리처럼 꼬부라진 건 아닐까

포도나무

석운동 칼국수집 들창 밖에
비가 내린다

칼국수 맛이 궁금한지
오가는 손님들이 궁금한지
들창 높이만큼 자란 포도나무

그 이파리에 이제 갓 생긴
포도알 크기만 한 물방울이
견딜 만한 무게로 맺혀 있다

견딜 만한 무게로 내 빈 가슴을
차지하고 있는 십자가가
포도나무를 지지하고 있다

손 안에 새처럼

개구쟁이 꼬막손에
조심스레 작은 새
나는 새를 쥔 손은
기적에 가깝다

타임머신

나에게 타임머신 타고 어린 시절로
돌아가는 기회가 한 번 주어진다면

힘없는 신문지로 딱지 만들던 생각에
빳빳한 종이 한 수레 가져가야지

송사리 잡아 고무신에 담아왔는데
버리는 프라스틱 통들이 너무 좋겠네

길바닥 사금파리도 다듬고 다듬었지
그때처럼 땅따먹기할 친구는 있을까

불깡통을 금방 타버리는 간솔로 채웠지
현실로 돌아와서도 활활 타는 그 시절

팽이치기

팽이는 떨지 않아야 한다
최고 속도로 돌 때
마치 정지한 것처럼

팽이는 치과치료가 필요하다
꽁무니에 박힌 송곳니 같은
나사를 발치하고
빛나는 쇠구슬을 박는 건
고난도 수술

팽이얼굴엔 줄무늬 화장을 한다
소년의 거칠고 투박한
크레용 그림도 팽이가
속도를 더할수록 환상적

팽이얼굴에 침을 살짝 뱉어
튀기기 장난을 치기도 한다

팽이치기의 최고는 팽이싸움
단단한 팽이, 길들여진 팽이채,
소년의 전투의지

엄마가 찾는다
밥 먹어라 이놈아 해 떨어질
때까지 놀기만 할래
징상스럽다

소년의 손등

소년의 작은 손등은
때가 끼고 갈라지고 터서
피가 나고 아팠다

그래도 멈출 수가 없었다
딱지 치고
자 치고
팽이 치고
얼음을 지쳤다
엄마는 소년의 엉덩이를 쳤다

소년의 갈라지고 튼 손등은
소년이 사는 동네, 누비고
다니는 구석구석을 닮았다

어린 시절 기억들이 온통
작은 손등에 있다

작년엔 기억 못한 사건

수확이 끝난 보리밭에는
낙수가 있기 마련
초여름 들녘을 싸돌아다니다
시장기 도는 늦은 오후
배를 채우기에 부족하지 않을
만큼의 토실한 이삭 한 옴큼 주워

불을 피우고
까슬한 이삭 까끄라기를 꼬실르고
피나면 선홍빛일
그 보드라운 조무래기 양 손을 비비고
입가에 검댕을 묻혀가며
하얗게 웃던

한해를 더 산다는 건
작년에 되살리지 못한
그런 기억을 되살릴 수도 있다는 것

빈집

내게 빈집은
무료함 기다림 원망

날 떼어놓고
놀러 나가버린 형이 야속하다
총쌈이며 칼쌈이며
얼마나 재밌을까

오일장에 가신 엄마는
결코 기대보다
빨리 오지 않는다
백구랑 노는 것도 재미없고

태양이 확연히 비껴
더위가 꺾이는 시각

엄마 허리춤 열쇠들이
"땡그랑" 춤추는 소리가

환청처럼 들리고
놀러 나간 형이 들을 욕을
대신 먹어도 그만
엄마가 왔으니까

여름날 빈집을 가보고 싶다
거기서 백구랑 쓸데없이
놀고 있는 나를 보고 싶다

패스워드

어제 은행에 갔습니다
천국 갈 때 노잣돈 쓸 요량으로
아무도 모르게 비밀통장
하나 텄습니다

은행창구 아가씨가
패스워드를 입력하라 해서
당신 생월생일 네 자리로
결정했습니다

이전의 모든 기억들과
앞으로 죽기까지 남은 날들을
예치했습니다

이자는 하루에 하루
매일 일기 분량으로
남는 기억은 적립된답니다

이전의 내 모든 기억들과
앞으로 내가 죽기까지 남은 날들
필요하면 인출해 쓰세요

패스워드는 당신 생월생일인 거
기억하세요

사금파리

아 놀랍다,
사금파리에 반사된
빛처럼 다 잊혀진
이제는 복원되지
않을 것 같았던
기억의 편린

치유 그리고 힐링

치유란 기억의 저수지에서
새로운 기억이 오랜 기억을
자연스레 밀어내는 것

새것을 경험할수록 저수지
수문으로 앞 다퉈 빠져나가는
기억 저편 기억들

아픈 기억이 하나 저수지를
벗어날 때 수문에 걸려서 내는
상처는 힐링하며 흐르는 눈물

한 줄기 빛

그날 밝았을까
지금보다 훨씬 더
깨끗이 꽃이 피고
더 맑게 새가 노래했겠지

그날 정해졌을까
지금껏 지내온
것처럼 그렇게
울며 웃으며 살라고

그날 분명한 것은
분명 한 줄기 빛이었음을

하루의 시작

좋은 시를 골라
필사하고 읽으며
하루를 시작한다

붓펜으로 천천히
그림을 그리듯 쓴다

당신이 나를 시 삼아
매일 아침 나를 읽고
그리면 좋으련만

손때 묻은 시집

손때가 묻을까 한 장 한 장
조심히 넘겼습니다
함께 읽지 못하지만
같은 시를 읽으면
시 속에서 만나는 것 같아
기뻤습니다

조심했지만
다 읽고 보내드릴 때가 되어
유심히 살펴보니
손때가 조금 묻었습니다
같은 시를 읽고 같은 생각을
하실지 궁금합니다

우리가 기억하는 것들

들은 것은
기억한다

본 것은 더욱 또렷이
기억한다

당한 것은
더더욱 처절하게
기억한다

여행이 끝나 일상으로 되돌아갈

시점이 오면 애써 되살린

화두를 다시 억눌러야 평상심을

회복할 수 있다

제3부

삶의 여정 속 斷想들

나무의자

의자 위에 앉은 새
만약 노닐던 숲속의
나무가 의자가 되었다면
알아차릴 수 있을까

나무인형 깎기

나무인형을 깎을 때
코는 먼저 크게 깎고
눈은 반대로 작게 깎으라는
무릎을 탁 치게 하는
한비자의 삶의 지혜

무슨 일이든 한 칼에
완성되는 일이 없고
숙달되지 않아
여러 번 칼질을 할지언정
일에는 순서가 있는 법

오늘 나무인형 하나를
깎아 봅니다
큰 코와 작은 두 눈
시작은 우습지만
예쁜 인형을 만들고 싶습니다

촛불

촛불은 나무다
바람이 찾아오면
살랑 가지가 인다

촛불은 생명이다
당신의 들숨 날숨을
따라 숨을 쉰다

촛불은 펜이다
흔들리며 마음속에
떠오르는 말을 쓴다

촛불은 보름달이다
환하게 밝혀주면서
감출 것은 가린다

산

해진 후 黑, 灰로만
대비되는 먼 산 보면
산은 파도와 같습니다

산도 바다처럼
파도 칩니다

해

인생은 고해
망망대해
절해고도

인생은 은혜
하해와 같은 은혜
어머님 은혜

해에 솟는 해
해마다 새로운 해
헤아릴 수 없는 바닷속

눈이 두 개인 이유

하나로는 안 되니까
두 개일 텐데
왜일까

하나의 눈으로는
흘려야 할 눈물이
너무 많은 까닭

겨울산 장마빗길
지나온 길
뒤돌아보는데
한 번 한 눈으로
되겠는가

가장 불완전한 기관

손톱 깎으면서
드는 생각
50년 전 내 손톱은
어딨을까

보는 눈인데
못 보는 게 천지다
듣는 귀인데
못 듣는 게 천지다

출근길 전철

보기와 듣기

시각이 필요한 건 빈자리가
나 앉는 시각까지
시각을 닫는 게 유리하다
이후는 청각

탈것이 제대로 작동하느라
내는 온갖 기계음
사람 수만큼의 목적지를
정거장 수만큼으로 요약하여
타라 내려라 알리는 방송

그리고 무엇보다도
옆 사람은 안중에 없는
아낙네들의 수다

시각을 닫고 청각에 몰두하는
대부분의 필부필부

길

한 나그네가
길을 앞두고
상념에 잠긴다

뉘 간 길이며
뉘 갈 길인가

나그네가
온 길을 돌아보고
후회한다,
후회는 남는 법

나그네가
길을 나선다
먼지 훌훌 털고

누구나 그렇게
길을 간다

여행 중단 선언

여행을 떠나면 평소 억눌렀던
가장 근본적인 화두가
되살아난다

여행이 끝나 일상으로 되돌아갈
시점이 오면 애써 되살린
화두를 다시 억눌러야 평상심을
회복할 수 있다

하지만 한 번 되살아난 화두는
쉽사리 잦아들지 않는다

그래서 여행은 함부로 떠날
일이 아니다
다시는 여행을 떠나지 않으리

속세로의 출가

입산 출가가 어려우신가요
그럼 속세로 출가해보세요

무언가 소중한 걸 상실하면
비로소 집착을 멈추게 되지요

스스로 하나씩 버려야 합니다
상실의 고통을 당하기 전에

삶의 무게를 견디려면 출가하세요
입산이 어려울 테니 일상으로

돌아감에 대하여

돌아간다 함은
이미 먼 길을
걸어왔다는 것

더 이상 앞으로
가기보단
이제 그만 되었다는,
포기랄 것은 없으나
후회나 주저 같은 것

애당초 누구고 길은
나서는 것
뉘라서 돌아가
쉬고 싶지 않을까

돌아감은
이전의 실수며 치졸함을
부끄러워하며
새 길을 나서는 것

살다 보면

살다 보면 업보가 쌓이기 마련
매일 고백하고 속죄할 일이다

살다 보면 눈물을 흘리기 마련
때론 엎드려 때론 가슴을 치며

그렇게 속죄하고 눈물 흘리면
다시 걷게 되고 다시 살게 되고

살다 보면 막히고 풀리는 것

잘 산다는 것

그런대로 잘 산다는
말은 들어야 한다,
삶이 의미가 있으려면

그런대로 잘 산다는 것이,
그런 말을 듣기가
어디 쉬운 일인가

그런 말을 들으려면
놓을 것은 그냥 놔버리고
붙들 것은 끝까지
포기하지 말아야 한다

마음이 흐르는 모습

응시하라,
마음이 흐르는 모습을

성찰하라,
마음이 왜 그렇게 흐르는지

만들라,
마음이 생각한 대로 흐르도록

가두라,
마음이 늘 저절로 그렇게 흐르도록

자유

비우자
득실득실하게 내 맘속을 가득 채운
독사 같은 분노를

비우자
감당 못하게 내 맘속을 넘쳐흐르는
진흙탕 같은 욕심을

비우자
켜켜이 내 맘속에 슬어있는
벌건 녹 같은 걱정을

그리하여
찾자 자유

누워서 보기

하늘을 보려거든
쳐다보기보다는
누워서 볼 일이다

누워서 보면
더 넓게 더 크게
볼 수 있다

그냥 땅바닥에
길바닥에 누워 보면
알 수 있다

시리다

시리다를
되뇌다 보면
시리다 시리다 시리다
잡힐 듯했던
의미가

안타깝게도
더 멀어져간다
의미는
뚜렷하지 않아도
여전히
시린 가슴

* '사임당' 송승헌 떠난 이영애, 가슴 시린 마지막 고백을 읽고

독감 예방주사

기억 저편 악마의 숨결인가
아니면
오래전 헤어진 애인의 키스인가
어젯밤 숙면은

알람 시간까지 치열하게
반복되는 꿈
그래
어제 맞은 독감 예방주사

내 몸속에 들어간 화학물질,
약효가 끝날 때까지 평화

악몽

악몽의 끝은
알람시간까지
다행이다

불면

불면 불편하지만
너무 탓하진 마세요

숙면 뒤의 숙고
숙면의 꿀맛
불면 때문이지요

詩와 神

시는 신이다
신은 시다

詩와 神은
두려움이 없다

교회는 병원이다

교회를 찾는 이
누구나 아프다

성가는 환자들의 아우성
강론은 환부를 도려내는 수술
처마 끝 십자가는 하늘에
닿고 싶은 아픈 이들의 희망

신부는 제대를 수술대 삼아
집도의처럼 치유의 말씀을
쏟아낸다

일상의 순교

오늘 신부님이 강론에서
일상의 순교를 말씀하신다
종교 때문에 죽을 일 없는
요즘을 살면서 어떤 삶이
순교적인 삶일까

평소 물러서지 않겠다는
신념과 용기로 아랫배에
힘을 단단히 줄 일이다

끝 모르게 추락하거든
지푸라기라도 잡으려 하는
미련마저 버릴 일이다

그렇게 힘줄 때 힘주고,
힘뺄 때 탁 놓아버리는 것이다

일상의 순교는 어느 세속적인
힘보다 강하다

숙명

혼자이고 싶다
모든 것은 연결되어
있다 이를 어쩔꼬

김밥집

강아지를 산책시키고
돌아오는 길에 김밥 한 줄을 샀다
김밥집 이름은 정성한줄

넉넉한 아주머니가 김밥집
이름대로 정성스레 김밥을 싼
것으로 상상하겠지 틀렸다
도회풍의 젊은 남자였다

일단과 착각

긍정 술어 '하자'
앞에 오는 '일단'이
주는 안도감은 컸다

일단 하고 나면,
잘 하면
또 다른 무얼
할 수도 있겠다는
기대감도 은근히 생겼다

그런데 그 '일단'이
착각에서 온 것을
알아차렸다

너무 잘 한 짓이다
고맙다 일단
잘 했어 착각

신호등

흑백 바탕 위
한 점 두 점 세 점
천연색

수많은 이들이 겨울산을

오르며 내뱉은 한숨과 다짐이

눈꽃으로 피곤 한다

제4부

계절이 바뀔 때마다

첫눈

첫눈치고는 시시했다
雲中洞은 비였는데
石雲洞은 눈이었다
그래도 첫눈이었다

구름보다는
돌이 차가운 건가
동네 이름 지었던
來歷이 궁금하다

눈 오는 날
구름 속 동네에서
만나기로 한 그 사람은
지나가듯 한 그 約束을
기억할까

눈꽃

수많은 이들이 겨울산을
오르며 내뱉은 한숨과 다짐이
눈꽃으로 피곤 한다

겨울산이 밝은 건
산을 오른 이들의 기도가
눈꽃으로 피기 때문이다

雪害木

눈에 꺾인 가지는
아프지 않다
잔가지가 꺾이는 것을
본 적이 있는가

눈에 꺾이는 것은
양 때문만일까
넉넉히 세월을 견뎌낸
가지만이 꺾인다

지난 해 잘 견뎌낸
가지가 꺾이는 건
자유로운 낙하,
아름다운 환호성,
다름이 아니다

새해 다짐

마음이 나와 타인을
해하지 않는다면
마음이 가는 대로 살자

성정이 나와 이웃을
해하지 않는다면
보다 자유롭게 살자

한 가지, 마음을 쓰고
성정을 부림에 있어
자중자애를 붙들고 살자

겨울 연못

잉어가 산다는 연못 속을
유심히 들여다보았다
살얼음 속으로 잉어 대여섯
마리가 유영한다

연못 주변 갈대잎는 춤추고
솔잎은 검다

살얼음 위로 싸래기 눈이 쌓이고
잉어들은 앰뷸런스 불빛처럼
유영에 속도를 낸다

잉어들은 사라지고
살얼음은 두께를 더해
아이들이 걸을 만하다
아이들이 썰매를 지친다

아이들의 손은 겨우 내내
트고 갈라져 잉어들이 다니는
길을 내곤 한다

잉어들은 아이들 손등에서
유영하다가 얼음이 풀려버리면
아이들이 썰매를 지치지 않으면
갈대와 솔에 출몰하곤 한다

눈이 내리면

폭폭 창문 밖에 눈이 내리면
푹푹 눈길을 걷고 싶다

짝짝 장작을 패고
활활 군불을 지피고 싶다

총총 백구가 눈 속으로 사라진다
후후 입김을 내뿜으며 쫓아간다

눈은 그칠 줄 모르고
나는 설록차를 마신다

탈출

강에 얼음이 얼면
탈출할 기회가 생긴다

흐름을 멈춘 강물의
양만큼

계절이 바뀔 때마다

춥다고 겨울과 실랑이하느라
봄이 오는지
눈치 채지 못했다

겨울과 내내 싸우는 중에도
천변이며 산기슭,
어머니의 묘지에는
작은 봄꽃이 피었다

누군가 정한 대로
계절이 바뀔 때마다
한 치도 틀림없이
꽃은 피는 것이다

자전과 공전이 없었다면
꽃은 결코 피지 않았다
놀랍기보다
두렵다 무섭다

새 봄

계절이 바뀌었네
늘 맞는 봄이지만
여전히 새롭고
마음을 움직이네

당신은 늘 새롭고
내 마음을 움직이는
계절 같은 사람

봄이 되자

봄이 되자
산이며 들녘이 사랑으로
가득 찼다

사랑은 봐달라는 아우성

겨우내 눈길 한 번 끌지
못하던 나무,
가지며 두툼한 줄기에도
꽃이며 새싹이 눈부시다

꽃이며 새싹을 보면
가장 메마른 가슴마저
흔들리지 않을 수 없다

꽃 다 지네

겨울 이겨 핀 꽃
꽃샘추위에 지네

애써 피운 꽃
부는 바람에 지네

오랠 거라 기대하지
않았지만,
그래도
너무 쉬 지네

내 가슴 깊이
피어난 봄꽃들

낙화

꽃은 진다
꽃은 떨어지고
꽃은 흩날린다

작은 꽃이 지는 건
떨어지는 것이고
키 큰 꽃이 지는 건
흩날리는 것이다

작은 꽃은
흩날리지 않으며
키 큰 꽃은
흩날리지 않을 수 없다

비오는 날 출근길

사람들은 안도한다
제시간에 도착하고
늦지 않게 출발함에

늦어짐을 감수함은
사라진 빛만큼 내리는 비
포기한 밝음만큼의 어둠

비는 빛과 밝음을 머금어
나의 출근길을 밝힌다
조금은 늦어도 용서한다

도시를 때리는 비

비는 가난한 동네 양철지붕을
세차게 때린다
내 삶을 송두리째 질책하듯
때리고 또 때린다

골방에 앉아 꽁초에 불을 당겨
폐부 깊숙이 빨아들인다
물기를 머금은 담배연기가
온몸으로 퍼진다

살 부러진 비닐우산을 쓰고
집을 나선다

저 멀리 시커먼 하늘에
섬광 같은 번개가
무섭게 번쩍이고
이내 집채만 한 천둥소리가
대지를 집어 삼킨다